Estrategias Avanzadas de Trading

Análisis Técnico, Gestión del Riesgo y Herramientas Profesionales para Traders Serios de Criptomonedas

Por Joe Correa

Publicado por Live Stronger Faster

Primera Edición

Tabla de Contenido

Introducción

Este libro ha sido creado específicamente para personas que desean llevar su nivel de trading en criptomonedas al siguiente nivel, reducir riesgos y operar como verdaderos profesionales — ya sea que hagas trading desde casa o administres portafolios para otros.

A estas alturas, probablemente ya estés familiarizado con los conceptos básicos de Bitcoin, Ethereum, las billeteras digitales y la tecnología blockchain. Tal vez hayas experimentado con estrategias de compra y mantenimiento, o incluso participado en staking o protocolos DeFi. Pero ahora estás listo para dar el salto hacia el trading avanzado, donde las estrategias están respaldadas por indicadores técnicos, modelos de riesgo y herramientas sofisticadas para la toma de decisiones. Aquí es donde la inversión casual se transforma en una profesión impulsada por datos.

El mercado cripto es diferente a cualquier otro mercado. Opera las 24 horas del día, los 7 días de la semana, es altamente volátil y está impulsado por el sentimiento del mercado, las tendencias macroeconómicas y los desarrollos tecnológicos más innovadores. Las herramientas financieras tradicionales no siempre funcionan de la misma manera aquí, pero comprender los fundamentos del análisis técnico, los ciclos del mercado y las estrategias automatizadas puede darte una enorme ventaja competitiva.

Este libro te guiará a través de conceptos avanzados de análisis técnico y fundamental, incluyendo cómo leer patrones de velas japonesas, utilizar retrocesos de Fibonacci, aplicar medias móviles y dominar indicadores como RSI, MACD y las Bandas de Bollinger. También aprenderás cómo protegerte mediante sólidas estrategias de gestión del riesgo, incluyendo la colocación de stop-loss, el tamaño de posición, la diversificación del portafolio y la psicología del trading.

Pero no nos quedaremos solo en la teoría. Exploraremos plataformas de trading poderosas como TradingView, herramientas de automatización mediante bots y APIs, y cómo realizar backtesting de tus estrategias antes de arriesgar capital real. Ya sea que practiques swing trading, day trading o arbitraje entre exchanges, este libro te proporcionará una hoja de ruta integral para operar con confianza.

También descubrirás cómo utilizar herramientas de análisis de sentimiento, monitorear datos on-chain y reconocer movimientos de grandes inversionistas y patrones de manipulación — aspectos fundamentales para tener éxito en los mercados acelerados de hoy. Y debido a que las criptomonedas operan a nivel global, revisaremos las diferencias regulatorias y cómo estas pueden afectar tus decisiones de trading dependiendo de tu jurisdicción.

Este libro es práctico, realista y diseñado para ser implementado. Cada estrategia estará acompañada de ejemplos, sugerencias de herramientas y orientación sobre cómo evitar errores comunes. Aprenderás qué funciona, qué no funciona y cómo mejorar continuamente utilizando ciclos de retroalimentación, diarios de trading y métricas de rendimiento.

Debemos dejar algo claro — hacer trading no es apostar. No se trata de tener suerte ni de encontrar la próxima criptomoneda que explotará hacia la luna. Se trata de gestionar el riesgo, interpretar el mercado y ejecutar estrategias de alta probabilidad de manera consistente a lo largo del tiempo. Si estás listo para abordar el trading de criptomonedas como un verdadero profesional y comenzar a elevar tus resultados, este libro será tu guía.

Comencemos.

Capítulo 1: Principios Fundamentales del Trading Exitoso de Criptomonedas

El trading de criptomonedas exitoso requiere mucho más que suerte o especulación. Exige un enfoque estructurado basado en la disciplina, la gestión del riesgo y una comprensión profunda del comportamiento del mercado. Aunque la promesa de ganancias explosivas suele atraer a muchos traders al mundo cripto, el éxito a largo plazo se construye sobre principios fundamentales — no persiguiendo esquemas de pump and dump ni reaccionando emocionalmente a las fluctuaciones de precio.

El primer principio es desarrollar un plan de trading. Todo trader profesional opera con un plan claramente definido que establece estrategias de entrada y salida, objetivos de ganancias, tolerancia al riesgo y criterios de selección de activos. Sin esta estructura, los traders se vuelven reactivos en lugar de estratégicos — entrando en operaciones por FOMO (miedo a quedarse fuera) o saliendo demasiado pronto por miedo. Un sólido plan de trading es tu brújula, especialmente en un mercado tan volátil y acelerado como el de las criptomonedas.

Segundo, todo trader debe comprender la gestión del riesgo. Los mejores traders no son aquellos que nunca pierden — son aquellos que pierden poco y ganan mucho. El tamaño de posición, las órdenes stop-loss y la diversificación del portafolio son fundamentales. Por ejemplo, arriesgar más del 1–2% de tu portafolio en una sola operación puede poner en peligro tu sostenibilidad a largo plazo. Incluso las operaciones con alta convicción deben dimensionarse adecuadamente, porque ninguna estrategia tiene garantía del 100%.

El tercer principio fundamental es el control emocional. El mercado de criptomonedas es conocido por sus movimientos bruscos, caídas repentinas y ciclos irracionales de euforia. Los nuevos traders suelen caer en trampas emocionales — revenge trading después de pérdidas, ventas por pánico durante correcciones o sobreoperar después de una ganancia. Estos comportamientos pueden destruir incluso la mejor estrategia técnica. Desarrollar disciplina emocional mediante journaling, reflexión y reglas preestablecidas es esencial para lograr rentabilidad constante.

A continuación, es esencial comprender la estructura y los ciclos del mercado. El mercado cripto suele seguir cuatro fases principales: acumulación, markup, distribución y markdown. Reconocer estas fases permite a los traders comprar cuando domina el miedo (acumulación) y vender durante subidas eufóricas (markup y distribución). Comprender la psicología de los ciclos puede evitar que te conviertas en liquidez de salida cuando las ballenas y las instituciones decidan retirar ganancias.

Otro principio central es el uso de diarios de trading y seguimiento del rendimiento. Los profesionales tratan el trading como un negocio, registrando cada operación con notas sobre el razonamiento, el resultado y las lecciones aprendidas. Este hábito ayuda a identificar patrones tanto en la estrategia como en la psicología. Con el tiempo, optimiza tu ventaja competitiva, mostrando qué configuraciones funcionan mejor y cuándo es mejor evitar operar por completo.

También es fundamental tener marcos de tiempo claros y seleccionar un estilo de trading que se adapte a tu estilo de vida. ¿Eres scalper, day trader, swing trader o position trader? Los scalpers realizan decenas de operaciones al día en cuestión de minutos. Los swing traders pueden mantener posiciones durante días o semanas. Si tu trabajo de tiempo completo te impide observar gráficos todo el día, entonces los estilos de corto plazo podrían jugar en tu contra. Alinea tu estrategia con tu tiempo disponible, tu temperamento y tu resistencia mental.

Finalmente, es vital utilizar las herramientas y plataformas correctas. Desde software de gráficos como TradingView hasta exchanges compatibles con dispositivos móviles y herramientas de automatización de stop-loss, tu configuración puede fortalecer tu disciplina. Evita exchanges no regulados o con malas reseñas. Asegúrate de tener una conexión a internet confiable y planes de respaldo en caso de apagones o emergencias.

El mercado de criptomonedas recompensa a quienes están preparados, enfocados y son adaptables. Al dominar los principios de este capítulo — desde la planificación y el control del riesgo hasta la psicología y el seguimiento del rendimiento — construirás una base sólida que aumentará tus probabilidades no solo de sobrevivir, sino de prosperar como trader.

Criptomonedas y la Historia de Derek

Derek siempre había estado fascinado por las criptomonedas. En 2018, durante el punto máximo del último mercado alcista, invirtió $5,000 en una altcoin sobre la que había leído en Reddit. El precio se duplicó en una semana. Emocionado, compró más. Luego se triplicó. "Soy un genio para esto", pensó. Pero dos semanas después, la moneda cayó un 80%, y vendió presa del pánico — justo en el fondo. Había convertido $5,000 en $15,000 y luego en $2,000, todo en un solo mes. Fue el ejemplo perfecto de lo que no debía hacer.

Años después, Derek estaba sentado en la oficina de su casa, tomando café negro mientras revisaba su diario de trading. Los días caóticos de operar emocionalmente habían quedado atrás. Ahora, cada operación comenzaba con un plan — no con una suposición. Su pantalla mostraba un diseño limpio: niveles de retroceso de Fibonacci, una media móvil de 50 días y el RSI debajo de las velas japonesas. Cada configuración tenía reglas. Cada regla tenía un propósito.

Había aprendido por las malas que un plan de trading no era opcional — era supervivencia. Cada semana revisaba las configuraciones que funcionaban y las que fallaban. Ya no se obsesionaba con ganancias o pérdidas individuales. En cambio, se enfocaba en la calidad de la ejecución. "¿Seguí las reglas?" se volvió más importante que "¿Gané dinero?".

La transformación de Derek comenzó cuando adoptó la gestión del riesgo. Ninguna operación arriesgaba más del 1% de su capital total. Sabía que incluso si perdía cinco operaciones seguidas, su cuenta seguiría estando bien. Antes, alguna vez había apostado todo en una meme coin basada en un tweet de un amigo. Ahora, revisaba la liquidez, la volatilidad y las señales técnicas antes de cada entrada.

Todavía existían tentaciones. A veces una moneda subía rápidamente debido al hype en Twitter o a una noticia de última hora, y la vieja voz susurraba: "Entra ahora". Pero Derek también tenía reglas para eso. Si una moneda subía un 20% en una hora sin un patrón claro de ruptura, simplemente la dejaba pasar. Perseguir pumps nunca le había funcionado.

También aprendió a controlar sus emociones mediante el journaling. Después de cada operación, escribía una nota corta: ¿Qué estaba sintiendo? ¿Dudé? ¿Salí demasiado pronto? Una semana notó un patrón — solía salir de operaciones demasiado rápido después de dos pequeñas pérdidas. Esa observación le ayudó a agregar una regla: mantener las operaciones hasta el stop o el objetivo, sin excepciones.

Derek no vivía pegado a la pantalla. Había elegido el swing trading, un estilo que se adaptaba a su vida. Con un trabajo de tiempo completo y dos hijos, no tenía el lujo de observar gráficos de 5 minutos todo el día. Analizaba los fines de semana y configuraba alertas. El trading se había convertido en un negocio, no en un casino.

Sus herramientas reflejaban su mentalidad. TradingView era su plataforma de gráficos, y utilizaba un bot con API para gestionar stop-losses en caso de caídas repentinas del mercado. Evitaba exchanges sospechosos y mantenía copias de respaldo de todas sus claves de autenticación de dos factores. Una tormenta o un apagón no lo dejarían desprotegido.

Ahora, cuando las personas le preguntaban a Derek sobre criptomonedas, no hablaba de ganancias rápidas ni de meme coins. Hablaba de planes, sistemas y gestión del riesgo. Había aprendido que ganar en cripto no se trataba de ser más inteligente — sino de ser más disciplinado.

Y así, mientras el precio de Bitcoin bailaba en su pantalla, sonrió. No importaba si subía o bajaba. Él tenía su plan. Tenía sus reglas. Finalmente estaba operando como un profesional.

Capítulo 2: Fundamentos del Análisis Técnico

El análisis técnico es el lenguaje de los gráficos — un enfoque visual para predecir futuros movimientos de precios basándose en datos históricos. A diferencia del análisis fundamental, que evalúa el valor intrínseco de una moneda, el análisis técnico se enfoca en la acción del precio, el volumen y los patrones. En un mercado tan rápido y guiado por el sentimiento como el de las criptomonedas, dominar el análisis técnico (TA) es una habilidad esencial para los traders serios.

En el núcleo del análisis técnico se encuentran los gráficos de velas japonesas. Cada vela representa un período de tiempo — como 1 minuto, 4 horas o 1 día — y contiene cuatro datos importantes: el precio de apertura, el precio de cierre, el máximo y el mínimo. Una vela verde (o blanca) significa que el precio cerró más alto de lo que abrió, mientras que una vela roja (o negra) significa que cerró más bajo. Estos patrones permiten a los traders detectar impulso alcista o bajista dentro de un marco temporal determinado.

Una de las primeras herramientas que utilizan los traders son los niveles de soporte y resistencia. El soporte es una zona de precio donde la presión compradora suele superar la presión vendedora, provocando un rebote del precio. La resistencia es lo contrario — una zona donde las ventas superan las compras, lo que frecuentemente genera una caída del precio. Estos niveles no son números exactos, sino zonas donde el precio suele reaccionar. Dibujar líneas horizontales en máximos y mínimos históricos revela las "zonas de batalla" donde el precio probablemente dudará, revertirá o romperá.

Luego, los traders aprenden a identificar patrones gráficos, que reflejan la psicología del mercado en acción. Algunos de los patrones más comunes incluyen:

Triángulos (ascendentes, descendentes y simétricos): patrones de consolidación que suelen ir seguidos de rupturas.

Cabeza y Hombros: un patrón de reversión que señala un cambio de tendencia alcista a bajista.

Doble Techo y Doble Suelo: indican un fuerte potencial de reversión.

Banderas y Banderines: patrones de continuación después de un movimiento fuerte, normalmente seguidos por otro impulso.

Igualmente importantes son los indicadores técnicos, fórmulas matemáticas aplicadas a los datos del precio. Entre los más utilizados se encuentran:

Medias Móviles (MA): muestran el precio promedio durante un período. Las medias móviles de 50 y 200 días son fundamentales para identificar la dirección de la tendencia y los cruces.

Índice de Fuerza Relativa (RSI): mide qué tan sobrecomprado o sobrevendido está un activo, en una escala de 0 a 100. Una lectura superior a 70 sugiere sobrecompra; por debajo de 30 sugiere sobreventa.

MACD (Convergencia/Divergencia de Medias Móviles): combina dos medias móviles para señalar cambios de impulso y posibles reversiones.

Bandas de Bollinger: muestran la volatilidad basándose en una media móvil con dos desviaciones estándar trazadas arriba y abajo.

Otra herramienta esencial es el análisis de volumen. El volumen confirma la fortaleza de un movimiento de precio. Por ejemplo, una ruptura por encima de la resistencia con alto volumen es más confiable que una con bajo volumen. Los aumentos repentinos de volumen también pueden indicar acumulación o distribución por parte de grandes participantes del mercado.

Los traders también utilizan niveles de retroceso de Fibonacci, trazados entre dos puntos significativos del precio (como un mínimo y un máximo). Estos niveles — 23.6%, 38.2%, 50%, 61.8% — suelen actuar como zonas de soporte o resistencia donde el precio probablemente se detenga o revierta.

Sin embargo, la clave de un análisis técnico efectivo es la confluencia — combinar múltiples herramientas para confirmar una configuración de trading. Por ejemplo, una divergencia alcista en el RSI en un nivel de soporte de largo plazo, combinada con un patrón alcista de velas y un aumento de volumen, puede presentar una entrada larga de alta probabilidad.

Finalmente, la selección del marco temporal es crucial. Los principiantes suelen confundirse al saltar entre diferentes temporalidades. Una ruptura en el gráfico de 5 minutos puede ser irrelevante en el gráfico de 1 hora. Los marcos temporales más altos (diario, semanal) ofrecen señales más fuertes para swing trading, mientras que los marcos temporales más bajos son más adecuados para estrategias intradía.

El análisis técnico no predice el futuro — mejora las probabilidades. Es una habilidad que mejora con la práctica, el tiempo frente a los gráficos y la repetición. Cuando se utiliza correctamente y se combina con una sólida gestión del riesgo, el análisis técnico se convierte en una de las herramientas más poderosas en el arsenal de un trader.

Ahora, hablemos de la historia de Maya.

Maya estaba sentada en su pequeño apartamento tipo estudio, con la mirada fija en la pantalla mientras Bitcoin flotaba justo por debajo de los $30,000. Sus dedos permanecían sobre el botón de compra, pero no se movía. Todavía no. Estaba esperando confirmación. Tres meses antes, habría entrado basada en la intuición o en el hype de Twitter. Ahora, esperaba que el gráfico le dijera qué hacer.

Su viaje hacia el análisis técnico comenzó después de perder $2,000 en una operación impulsiva. Había comprado durante una subida pensando que el impulso continuaría llevando el precio más arriba. En cambio, el mercado se dio la vuelta en menos de una hora. Después de eso, se comprometió a aprender el lenguaje de los gráficos. Devoró libros, tutoriales de YouTube y cursos hasta que los patrones de velas japonesas comenzaron a tener sentido — como pistas dentro de un rompecabezas.

Ahora, mientras el precio coqueteaba con un nivel importante, notó algo clave: la vela estaba formando un martillo — un posible patrón alcista de reversión — justo en el nivel de retroceso Fibonacci del 61.8% del movimiento alcista reciente. Miró hacia abajo. El RSI rondaba 32, indicando zona de sobreventa. El volumen acababa de comenzar a aumentar.

Eso eran tres señales de confluencia. Dibujó una línea horizontal marcando el soporte previo. El precio había rebotado allí dos veces durante el último mes. Esto ya no era adivinanza — era estructura. Hizo clic en "comprar" y colocó un stop-loss 2% por debajo del nivel de soporte. No necesitaba observar obsesivamente la operación — había planificado la operación y ahora estaba ejecutando el plan.

Maya utilizaba TradingView como plataforma de gráficos. Mantenía sus gráficos simples — solo velas japonesas, medias móviles de 50 y 200 días, RSI y volumen. Sin desorden. Cada línea e indicador tenía un propósito. Registraba cada operación en su diario, anotando por qué entró, qué señales vio y cómo se sentía en ese momento. Estaba construyendo un sistema de retroalimentación.

Recordaba lo confundida que se sintió al principio. Los patrones gráficos parecían arbitrarios. Los indicadores parecían contradictorios. Pero con el tiempo comenzó a ver el flujo — cómo el precio reaccionaba a las zonas, cómo se desarrollaban las tendencias y cómo las ballenas parecían atrapar a los traders minoristas con falsas rupturas. Aprendió a esperar confirmación, no solo anticipación.

Maya no era una trader de tiempo completo. Trabajaba durante el día y operaba por las noches. Pero se lo tomaba en serio. No estaba buscando hacerse rica rápidamente — estaba desarrollando habilidades, una configuración a la vez. Algunas operaciones funcionaban, otras no. Pero estaba aprendiendo a ganar con el tiempo, no solo una vez.

Esa noche, Bitcoin rebotó con fuerza desde el soporte, subiendo un 5% en dos horas. Su operación alcanzó el objetivo. No celebró — simplemente la registró, movió su stop y cerró la pantalla. "Otra operación limpia", susurró.

Maya había recorrido un largo camino. Ya no estaba a merced del hype ni del miedo; había encontrado claridad en las velas japonesas, confianza en la confluencia y disciplina en los datos. El análisis técnico no la había hecho rica de la noche a la mañana, pero la había hecho más inteligente — y ella sabía que así es como comienza la verdadera riqueza.

Capítulo 3: Gestión del Riesgo y Protección del Capital

La gestión del riesgo es la columna vertebral de cualquier estrategia de trading sostenible. Aunque el análisis técnico, los indicadores y el timing de entrada suelen recibir toda la atención, es la gestión del riesgo lo que determina si un trader sobrevive a los altibajos del mercado. En el mundo de las criptomonedas, donde la volatilidad es extrema y las caídas pueden ser rápidas y profundas, gestionar el riesgo no es opcional — es fundamental.

El primer concepto clave es el tamaño de posición. Esto se refiere a cuánto capital asignas a una sola operación. Una regla común entre los profesionales es arriesgar únicamente entre el 1% y el 2% de tu portafolio total en una sola operación. Esto no significa invertir solo el 1% de tu capital — significa la cantidad que estás dispuesto a perder si la operación alcanza tu stop-loss. Un tamaño de posición adecuado protege tu cuenta de pérdidas importantes, incluso si enfrentas una serie de operaciones perdedoras.

El segundo concepto es la relación riesgo-beneficio. Cada operación debe evaluarse no solo por la probabilidad de éxito, sino también por la recompensa potencial en comparación con el riesgo asumido. Una relación mínima común es 2:1 – lo que significa que buscas ganar el doble de lo que arriesgas. Si arriesgas $100, deberías esperar una ganancia de $200 o más. Esto asegura que, incluso si solo la mitad de tus operaciones son exitosas, tu cuenta siga creciendo con el tiempo.

Las órdenes stop-loss son otra herramienta esencial. Definen el punto exacto de precio donde saldrás automáticamente de una operación perdedora. Existen varios tipos de stops:

Stop de porcentaje fijo (por ejemplo, 2% por debajo de la entrada)

Stop basado en soporte/resistencia (colocado justo más allá de un nivel de soporte o resistencia)

Stop basado en ATR (basado en la volatilidad utilizando el indicador Average True Range)

El uso de stop-loss elimina la emoción de la toma de decisiones y refuerza la disciplina. Nunca operes sin uno.

Por el contrario, los niveles de toma de ganancias también deben planificarse previamente. Estos son los objetivos donde asegurarás ganancias. Los trailing stop-loss son útiles para proteger beneficios mientras una operación avanza a tu favor

— ajustando el nivel del stop hacia arriba a medida que el precio aumenta.

Un elemento crucial pero frecuentemente ignorado de la protección del capital es evitar el apalancamiento excesivo. Muchos exchanges de criptomonedas ofrecen apalancamiento de 10x, 50x o incluso 100x. Aunque el apalancamiento puede multiplicar las ganancias, también multiplica las pérdidas. Un pequeño movimiento en tu contra puede liquidar toda tu posición. Para los nuevos traders, utilizar poco o ningún apalancamiento (2x o menos) es una decisión inteligente hasta desarrollar un sistema consistente y rentable.

La diversificación es otra estrategia de gestión del riesgo. En lugar de colocar todos tus fondos en una sola operación o activo, distribuye el riesgo entre varios activos o estrategias no correlacionadas. La diversificación ayuda a reducir el impacto de una sola operación perdedora o una caída del mercado.

Igualmente importante es comprender los drawdowns — la disminución desde un punto máximo hasta un punto mínimo en el valor de tu portafolio. Aceptar que las pérdidas son parte del juego y prepararse mentalmente para ellas es clave para el éxito a largo plazo. Los traders inteligentes gestionan los drawdowns no evitando completamente las pérdidas, sino asegurándose de que ninguna pérdida individual sea devastadora.

El riesgo de ruina es un término del trading profesional que se refiere a la probabilidad de perder todo tu capital. Cuanto mayor sea tu riesgo por operación, más probable será alcanzar la ruina, especialmente durante rachas de mala suerte. Las calculadoras de riesgo pueden ayudarte a comprender cómo los cambios en el tamaño de posición afectan tu riesgo de ruina.

Finalmente, la disciplina psicológica es inseparable de la protección del capital. Incluso las mejores reglas de riesgo son inútiles si las ignoras emocionalmente. El miedo, la codicia, el revenge trading y el exceso de confianza son trampas comunes. Crear hábitos como llevar un diario, tomar descansos, seguir reglas y evitar operar cuando estás emocionalmente alterado ayudará a mantener tu mente clara y tu capital seguro.

Dominar la gestión del riesgo convierte el trading en una actividad profesional y repetible. Con los sistemas adecuados, no temerás las pérdidas — las entenderás, las limitarás y avanzarás más fuerte cada vez.

La Historia de Trading de Ethereum de Lena

Lena observaba el saldo de su cuenta mientras su corazón se hundía. Acababa de perder $4,000 en una sola operación — casi el 20% de todo su portafolio — en una moneda que apenas había investigado. No era la primera vez. La montaña rusa emocional de las criptomonedas le había costado sueño, dinero y confianza. Sabía que algo tenía que cambiar.

Unas semanas después, Lena regresó, pero esta vez tenía un plan. Había dejado de operar por completo durante diez días y dedicó ese tiempo a estudiar gestión del riesgo. Nada de volver a apostar todo. Nada de ruleta con apalancamiento. Había terminado de perseguir pumps y apostar su futuro.

Ahora abrió una posición en Ethereum — cuidadosamente calculada. Tenía $20,000 de capital total para trading. Decidió arriesgar el 1% en esta operación: $200. Su stop-loss estaba colocado justo debajo de la media móvil de 50 días, dándole espacio a la operación para respirar mientras mantenía limitada su pérdida. Su objetivo ofrecía una relación beneficio-riesgo de 3:1. Esto ya no era apostar. Era matemáticas.

A medida que el precio se movía a su favor, no se dejó llevar por la codicia. Movió su stop-loss al punto de equilibrio, dejando correr la operación sin miedo. Finalmente, alcanzó su nivel de toma de ganancias y la operación se cerró — una ganancia limpia de $600. Se sintió mejor que cualquier moonshot porque había sido obtenida mediante disciplina.

Pero su verdadero crecimiento llegó semanas después, durante una racha de pérdidas. Tres operaciones consecutivas alcanzaron el stop-loss. La vieja Lena habría duplicado posiciones o cambiado de estrategia a mitad de operación. La nueva Lena siguió su plan. Cada pérdida fue pequeña — solo $200 cada una — y no se desvió. Porque sabía que ningún sistema gana siempre. El objetivo era sobrevivir.

Utilizaba una hoja de cálculo para registrar sus operaciones y otra para calcular automáticamente el tamaño de las posiciones según el riesgo y la distancia del stop-loss. Incluso creó un libro de reglas para ella misma: Nunca arriesgar más del 1%. No operar antes del café. No duplicar posiciones. Tomar descansos después de pérdidas. Celebrar el proceso, no los resultados.

El cambio más liberador llegó cuando dejó de utilizar alto apalancamiento. Recordaba cómo había sido liquidada en 30 segundos en una operación con apalancamiento de 10x. Ahora utilizaba 1x — u ocasionalmente 2x — y solo con configuraciones extremadamente sólidas. Su cuenta ya no parecía una gráfica de montaña rusa.

También diversificó. Parte de su capital permanecía en stablecoins generando intereses. Otra parte iba a swing trades. Una pequeña porción estaba destinada a inversiones de largo plazo. Incluso si una estrategia tenía una mala semana, su portafolio completo seguía saludable.

Meses después, la cuenta de Lena había crecido, pero más importante aún — su confianza había regresado. No la sobreconfianza de sus primeros días, sino una confianza sólida y tranquila. La clase de confianza que surge al saber que estás protegido, que no estás apostando tu futuro a la suerte.

Las criptomonedas seguían siendo salvajes, pero ella no. Se había convertido en su propio escudo — con reglas, matemáticas, paciencia y disciplina. Y eso marcó toda la diferencia.

Capítulo 4: Herramientas y Plataformas Profesionales para el Trading de Criptomonedas

El trading exitoso de criptomonedas no se trata solo de estrategia — también se trata de contar con las herramientas adecuadas para ejecutar esa estrategia de manera eficiente y segura. Mientras muchos principiantes se limitan a aplicaciones básicas de exchanges o billeteras móviles, los traders avanzados utilizan una amplia variedad de plataformas profesionales, herramientas y fuentes de datos para obtener ventaja competitiva. En este capítulo, exploraremos las mejores herramientas en cinco categorías clave: gráficos, ejecución, automatización, análisis y control del riesgo.

La base de todo análisis comienza con las plataformas de gráficos. Entre ellas, TradingView es el estándar de oro. Permite a los traders analizar miles de activos en múltiples exchanges utilizando potentes indicadores técnicos, herramientas de dibujo y análisis de múltiples temporalidades. Los usuarios pueden crear scripts personalizados con Pine Script, configurar alertas, publicar estrategias e incluso integrarse con brokers. TradingView también ofrece funciones sociales donde los traders comparten configuraciones y estrategias — ideal para validar ideas y aprender.

Para datos on-chain, CryptoQuant y Glassnode ofrecen análisis de nivel institucional. Proporcionan información como entradas y salidas de exchanges, actividad minera, acumulación de ballenas y métricas de suministro de stablecoins. Estas métricas ayudan a los traders a predecir posibles movimientos del precio y comprender el sentimiento del mercado más allá de los gráficos.

Cuando se trata de ejecución de operaciones, la elección del exchange es fundamental. Los traders profesionales priorizan seguridad, liquidez y confiabilidad. Los principales exchanges centralizados (CEXs) incluyen Binance, Kraken, Coinbase y Bybit. Estas plataformas ofrecen trading spot, cuentas de margen, futuros y opciones. Cada una tiene ventajas y desventajas en cuanto a comisiones, interfaz y pares soportados. Para los traders en Estados Unidos, las plataformas compatibles con regulaciones son esenciales.

Sin embargo, los exchanges descentralizados (DEXs) como Uniswap, SushiSwap y dYdX están ganando popularidad entre traders serios debido a su naturaleza no custodial. Utilizar DEXs requiere integración con billeteras y comprensión del slippage, tarifas de gas y pools de liquidez — pero ofrecen transparencia y control difíciles de igualar por las opciones centralizadas.

Los traders avanzados suelen incorporar herramientas de automatización como 3Commas, Pionex y TradeSanta, que ofrecen bots de trading personalizables. Estas herramientas permiten grid trading, DCA (promedio de costo en dólares) y estrategias de trailing stop. Algunos bots se integran directamente con exchanges mediante APIs y pueden probarse con backtesting utilizando datos históricos antes de arriesgar capital real.

Para usuarios que prefieren construir sus propias herramientas, plataformas como MetaTrader 5, Shrimpy o Cryptohopper ofrecen soporte API, automatización basada en señales y funciones de seguimiento de portafolio. Los traders pueden programar algoritmos o suscribirse a estrategias de terceros, abriendo la puerta al trading semipasivo.

Una herramienta poderosa en el arsenal del trader es el software de backtesting. Plataformas como el Strategy Tester de TradingView, CoinMarketMan y QuantConnect permiten simular operaciones basadas en datos históricos para evaluar el rendimiento. Un backtesting adecuado ayuda a evitar el "curve fitting" y brinda confianza basada en datos para tu estrategia.

Para noticias y alertas en tiempo real, Twitter, canales de Telegram y aplicaciones como CryptoPanic o CoinDesk son fundamentales. El acceso rápido a las noticias puede ayudarte a reaccionar antes que el mercado — especialmente en eventos importantes como hackeos de exchanges, noticias regulatorias o transferencias repentinas de ballenas.

El seguimiento del portafolio y del rendimiento es igualmente importante. Herramientas como CoinStats, Delta o Zerion ayudan a monitorear holdings a través de billeteras y exchanges. Permiten visualizar ganancias, pérdidas y asignación de activos, todo sincronizado automáticamente mediante billeteras y APIs.

Las herramientas de seguridad como Ledger, Trezor y YubiKey son esenciales para la protección del capital. Utiliza billeteras físicas para almacenamiento y autenticación física para inicios de sesión. Nunca almacenes grandes cantidades en exchanges y activa autenticación de dos factores (2FA) siempre que sea posible.

En resumen, el trading profesional requiere un conjunto de herramientas trabajando en armonía — desde análisis de datos hasta ejecución, automatización y seguridad. Tu configuración debe mejorar la claridad, reducir errores manuales y optimizar la toma de decisiones. A medida que tu nivel de habilidad y capital crezcan, también debería hacerlo tu infraestructura. Equípate correctamente y los resultados lo reflejarán.

Cómo Ethan Dominó el Proceso

Ethan siempre había sido un trader práctico — del tipo que tomaba cada decisión manualmente. Se despertaba temprano, revisaba gráficos y colocaba órdenes directamente desde la aplicación web de su exchange. Funcionó al principio — hasta que el mercado se aceleró, su portafolio creció y su vida se volvió más ocupada. Perdía oportunidades, tomaba decisiones apresuradas y, más de una vez, olvidó configurar un stop-loss.

Era una forma estresante de operar.

Un día, después de perderse una enorme ruptura en Chainlink porque estaba atrapado en el tráfico y no podía acceder a su cuenta, Ethan tomó una decisión: era hora de mejorar. Nada más de depender de aplicaciones móviles e intuiciones. Iba a convertirse en profesional.

Su primer movimiento fue cambiar sus gráficos a TradingView. Fue una revelación. La interfaz limpia, los infinitos indicadores y la posibilidad de guardar múltiples perfiles de diseño le dieron una sensación de control que nunca había tenido. Configuró alertas, dibujó niveles de Fibonacci e incluso aprendió algo de Pine Script para automatizar algunas señales. Por primera vez, sintió que los gráficos le hablaban en un lenguaje que podía entender.

Luego abrió cuentas en múltiples exchanges. Mientras mantenía algunos fondos en Kraken para conversiones fiat, comenzó a utilizar Bybit para operar altcoins con bajas comisiones y alta liquidez. Aprendió a enrutar operaciones eficientemente, a utilizar órdenes post-only para ahorrar comisiones y a gestionar el slippage durante movimientos volátiles.

Pero Ethan no se detuvo ahí. Configuró una cuenta en 3Commas y comenzó a experimentar con bots de trading. Creó un bot simple de DCA que compraba Ethereum durante las caídas. No era llamativo, pero era consistente — y funcionaba mientras dormía o trabajaba. Probó la estrategia utilizando el Strategy Tester de TradingView, refinando las entradas basadas en RSI y confluencia de medias móviles. Su tasa de éxito mejoró, pero más importante aún, ganó confianza en su sistema.

También comenzó a utilizar Glassnode. Estaba fascinado por las métricas on-chain — como las reservas de Bitcoin en exchanges, el cambio neto de posición de mineros y la actividad de billeteras de ballenas. Comenzó a detectar cambios sutiles en el sentimiento mucho antes de que los traders minoristas reaccionaran. En una ocasión, salió de una gran posición en altcoins horas antes de una caída del 15%, simplemente debido a entradas anormales a exchanges que observó en CryptoQuant.

Para mantenerse al día con las noticias, Ethan construyó un panel con CryptoPanic, conectado a su feed de Twitter, y se unió a canales de alertas en Telegram de traders reconocidos. La primera vez que detectó un pump antes de que la noticia llegara a CoinMarketCap, se sintió como un verdadero profesional — ya no reaccionando, sino anticipándose.

También compró un Ledger Nano X y migró el 80% de sus holdings a largo plazo hacia almacenamiento en frío. Utilizaba YubiKey para 2FA y comenzó a usar VPNs cuando operaba en lugares públicos. Después de escuchar demasiadas historias sobre ataques de SIM-swap y phishing, comprendió algo importante: ninguna estrategia importa si tu seguridad es débil.

Al final del trimestre, los resultados de Ethan eran más consistentes que nunca. Sus operaciones estaban estructuradas, sus herramientas trabajaban sincronizadas y su estrés había disminuido drásticamente. El trading se había vuelto escalable e incluso agradable. Ya no estaba pegado a la pantalla — porque las herramientas hacían su trabajo.

Mirando hacia atrás, se dio cuenta de algo: el trading profesional no se trataba únicamente de dominar el mercado. Se trataba de dominar tu configuración. Las herramientas adecuadas no solo lo hicieron más rápido — lo hicieron más inteligente, más seguro y con mayor control. Y eso fue lo que realmente marcó la diferencia.

Capítulo 5: Patrones Gráficos, Rupturas y Falsas Rupturas

En el trading técnico, los patrones gráficos sirven como huellas visuales de la psicología del mercado. Reflejan las decisiones colectivas de compradores y vendedores y pueden indicar posibles reversiones, continuaciones o indecisión. Pero aunque los patrones pueden ser herramientas poderosas para anticipar movimientos del precio, también conllevan el riesgo de falsas rupturas — movimientos engañosos que atrapan a traders desprevenidos. Dominar este capítulo significa aprender a distinguir los movimientos reales del engaño.

Los patrones más comunes se dividen en tres categorías: patrones de reversión, patrones de continuación y patrones de indecisión.

Entre los patrones de reversión, el Cabeza y Hombros es uno de los más confiables. Presenta tres picos: un pico central más alto (la cabeza) entre dos máximos más bajos (los hombros). Cuando el precio rompe la "línea de cuello" (nivel de soporte), suele señalar el final de una tendencia alcista. Su versión inversa — el Cabeza y Hombros Invertido — es una reversión alcista al final de una tendencia bajista.

Los Dobles Techos y Dobles Suelos también son señales clave de reversión. Un doble techo tiene forma de “M” e indica que el precio falló dos veces al intentar romper una resistencia. Un doble suelo se asemeja a una “W” y señala que los compradores defendieron un nivel de soporte en dos ocasiones. Estos patrones ganan credibilidad cuando el volumen aumenta durante la ruptura.

Los patrones de continuación sugieren que la tendencia predominante continuará. Los más comunes son:

Triángulos (ascendentes, descendentes y simétricos): indican un rango cada vez más estrecho y una ruptura eventual. Los triángulos ascendentes suelen romper hacia arriba; los descendentes tienden a romper hacia abajo.

Banderas y Banderines: pequeñas consolidaciones después de movimientos fuertes de precio. Las banderas se inclinan en contra de la tendencia, mientras que los banderines son más simétricos. Las rupturas generalmente continúan en la dirección del movimiento original.

Taza con Asa: un patrón alcista de continuación. La “taza” es un fondo redondeado y el “asa” es un pequeño retroceso antes de la ruptura.

Los rectángulos y cuñas pueden actuar tanto como patrones de continuación como de reversión, dependiendo de la dirección de la ruptura.

Identificar rupturas es esencial. Una ruptura ocurre cuando el precio cierra más allá de un nivel importante de soporte o resistencia. Sin embargo, operar rupturas exitosamente requiere confirmación. Debes observar:

Aumento de volumen: un mayor volumen confirma que la ruptura está respaldada por fuerte participación.

Retesteo del nivel roto: el precio rompe, retrocede al nivel de ruptura y luego continúa. Esto aumenta la probabilidad de que la ruptura sea real.

Pero no todas las rupturas son confiables. Muchas son falsas rupturas — movimientos que temporalmente rompen un nivel clave solo para revertirse rápidamente. Las falsas rupturas suelen ocurrir durante períodos de bajo volumen, eventos noticiosos o cuando se activan grupos de stop-loss.

Para evitar falsas rupturas, considera estos consejos:

Espera el cierre de la vela: no actúes basándote en movimientos intrabar; espera confirmación en el marco temporal que estás operando.

Verifica temporalidades superiores: una ruptura en el gráfico de 15 minutos puede ser irrelevante en el gráfico de 4 horas o diario.

Busca confluencia: combina patrones gráficos con indicadores como divergencias RSI, tendencias de volumen o medias móviles.

Usa disciplina con el stop-loss: coloca stops en zonas lógicas – no tan ajustados que las fluctuaciones normales te saquen, pero tampoco tan amplios que arriesgues pérdidas innecesarias.

Los traders avanzados también observan los liquidity grabs – cuando el precio rompe intencionalmente un nivel para activar stop-losses antes de revertirse. Esto es común alrededor de zonas psicológicamente importantes como números redondos ($1.00, $10,000, etc.). Las ballenas frecuentemente utilizan falsas rupturas para acumular posiciones antes de lanzar el movimiento real.

Los patrones y las rupturas funcionan mejor en mercados líquidos con tendencias fuertes. Son menos confiables en condiciones laterales y desordenadas. La práctica y el tiempo frente a la pantalla son esenciales. Cada patrón es único en forma, contexto y condición del mercado. Ningún patrón garantiza éxito — pero cuando se comprenden y confirman correctamente, ofrecen una ventaja significativa.

Cómo Nico Superó Su Miedo a las Falsas Rupturas

Nico había estado observando el gráfico durante casi una hora. Solana había formado un triángulo ascendente perfecto. Cada retroceso encontraba soporte en una base plana, mientras que los máximos se estrechaban cada vez más. Había trazado la línea de resistencia semanas atrás. Y ahora, el precio flotaba justo debajo de ella, como un cohete listo para despegar.

Podía sentir cómo aumentaba su pulso.

La última vez que vio un patrón similar, entró demasiado pronto — solo para ver cómo el precio rompía durante dos minutos, se revertía violentamente y destruía su posición. Esa experiencia dejó una cicatriz, pero también le enseñó disciplina.

Esta vez, Nico esperó.

Alejó el gráfico al marco temporal de 4 horas. La tendencia era alcista. El RSI estaba subiendo, pero todavía no estaba sobrecomprado. El volumen estaba aumentando lentamente. Entonces ocurrió — una gran vela verde atravesó la resistencia, cerrando con fuerza y acompañado de aumento de volumen. No era una mecha. Era un cierre. Esa fue su señal.

Entró con la mitad de su posición. Nada de apuestas completas hasta tener confirmación. Colocó su stop-loss justo debajo de la base del triángulo y configuró una alerta para un posible retesteo.

Tal como esperaba, el precio retrocedió. Muchos traders entraron en pánico. Nico no. El retroceso aterrizó perfectamente sobre la antigua resistencia rota — ahora actuando como soporte. Aguantó. La siguiente vela fue verde. Entró con la segunda mitad de su posición y ajustó su stop.

Durante los siguientes dos días, Solana subió un 18%. Pero Nico no estaba simplemente aprovechando el impulso — estaba siguiendo una estructura. Se sentía tranquilo. Controlado.

Unas semanas después, enfrentó la situación opuesta. Cardano estaba formando lo que parecía un cabeza y hombros invertido — pero algo se sentía extraño. El volumen estaba disminuyendo. El RSI mostraba divergencia bajista. Aun así, Twitter estaba lleno de mensajes: "¡ADA a la luna!". Incluso algunos influencers lo llamaban "la próxima gran ruptura".

Tentado pero cauteloso, Nico esperó a que se rompiera la línea de cuello. Ocurrió — apenas — pero sin volumen. La siguiente vela se revirtió violentamente. Era una falsa ruptura. El patrón había atraído a traders esperanzados solo para atraparlos en pérdidas. Nico observó desde la barrera, agradecido de haber esperado.

Comenzó a construir un "diario de patrones" personal, tomando capturas de pantalla de cada triángulo, doble techo y bandera que veía. Anotaba el volumen, el contexto y el resultado. Con el tiempo, los patrones se convirtieron en algo más que formas — se transformaron en historias. Podía leer las emociones de la multitud en el gráfico. Veía dónde los traders sentían miedo, dónde se volvían codiciosos y dónde intervenía el smart money.

Su gran avance llegó cuando comenzó a combinar patrones con otras herramientas. Si una divergencia RSI coincidía con la ruptura de un triángulo, prestaba atención. Si las Bandas de Bollinger se estrechaban antes de una bandera, sabía que la volatilidad estaba por llegar. Dejó de operar cada configuración y comenzó a esperar grandes configuraciones.

Nico ya no temía las falsas rupturas. Las esperaba, las planificaba y aprendía de ellas. Las rupturas ya no eran descargas de adrenalina. Eran momentos calculados dentro de un juego más largo — uno que finalmente estaba aprendiendo a jugar con habilidad, no solo con suerte.

Capítulo 6: Cómo Utilizar Indicadores Como un Profesional

Los indicadores técnicos son las herramientas de poder de los traders avanzados de criptomonedas. Aunque los patrones gráficos y los niveles de soporte y resistencia ofrecen información valiosa, los indicadores proporcionan datos cuantitativos y repetibles para ayudar a confirmar tendencias, reversiones y cambios de impulso. Sin embargo, utilizar demasiados indicadores — o utilizarlos incorrectamente — puede generar confusión y señales contradictorias. La clave es el dominio selectivo: comprender profundamente un pequeño grupo de indicadores y utilizarlos en combinación para crear confluencia.

Una de las herramientas más utilizadas es el Índice de Fuerza Relativa (RSI). El RSI mide la velocidad y el cambio de los movimientos del precio, oscilando entre 0 y 100. Tradicionalmente, un valor por encima de 70 señala condiciones de sobrecompra, mientras que por debajo de 30 indica sobreventa. Sin embargo, el RSI puede permanecer en estas zonas durante largos períodos en tendencias fuertes. Lo más valioso son las divergencias — cuando el precio forma un máximo más alto pero el RSI forma un máximo más bajo (divergencia bajista), o viceversa (divergencia alcista). Estas divergencias frecuentemente preceden reversiones.

A continuación están las Medias Móviles (MA) – específicamente, la Media Móvil Simple (SMA) y la Media Móvil Exponencial (EMA). Las medias móviles ayudan a suavizar los datos del precio para identificar la dirección de la tendencia. Las SMA de 50 y 200 días se utilizan comúnmente para swing trading e identificación de tendencias. Los cruces dorados (cuando la SMA de 50 días cruza por encima de la SMA de 200 días) y los cruces de la muerte (cuando cruza por debajo) se consideran señales poderosas de tendencia. Las EMAs otorgan más peso a la acción reciente del precio y suelen utilizarse para decisiones más rápidas – especialmente en gráficos intradía.

El MACD (Convergencia/Divergencia de Medias Móviles) es un indicador de impulso compuesto por dos EMAs y un histograma. Cuando la línea MACD cruza por encima de la línea de señal, genera una señal alcista; cuando cruza por debajo, indica impulso bajista. Los traders observan los cruces del MACD y la línea cero como confirmación. Al igual que el RSI, las divergencias MACD también pueden ser fuertes predictores de reversiones de tendencia.

Otro indicador clave son las Bandas de Bollinger. Estas bandas consisten en una media móvil y dos líneas de desviación estándar (una arriba y otra abajo). Cuando el precio toca o rompe las bandas exteriores, suele señalar aumento de volatilidad y posibles reversiones. Sin embargo, en mercados con tendencia fuerte, el precio puede permanecer pegado a la banda exterior durante períodos prolongados. Un squeeze de Bandas de Bollinger — cuando las bandas se contraen fuertemente — señala una próxima ruptura, aunque la dirección debe confirmarse con otras herramientas.

Los indicadores de volumen son fundamentales para validar rupturas y patrones. El Oscilador de Volumen o el Volumen en Balance (OBV) rastrean la presión acumulativa de compra y venta. Una ruptura acompañada de fuerte volumen tiene más probabilidades de éxito que una con bajo volumen. Por el contrario, un volumen decreciente durante un rally puede indicar una tendencia debilitándose.

Para traders que desean medir directamente la volatilidad, el Average True Range (ATR) es esencial. El ATR no indica dirección de tendencia, pero muestra cuánto suele moverse un activo durante un período determinado. Los traders utilizan ATR para establecer distancias de stop-loss y ajustar el tamaño de posición según la volatilidad esperada.

Los traders avanzados también utilizan la Nube Ichimoku, un indicador multilínea que combina soporte, resistencia, dirección de tendencia e impulso en una sola vista. La nube (Kumo) ayuda a identificar si el precio se encuentra en territorio alcista o bajista, mientras que los cruces entre la línea de conversión (Tenkan-sen) y la línea base (Kijun-sen) ofrecen señales de entrada y salida. Aunque al principio parece complejo, Ichimoku es altamente efectivo una vez dominado.

Pero ninguna de estas herramientas debe utilizarse de forma aislada. Los indicadores funcionan mejor cuando se confirman mutuamente. Por ejemplo, un cruce alcista del MACD combinado con un rebote sobre la EMA de 50 días y una divergencia alcista del RSI ofrece una configuración de alta probabilidad. Esta confluencia brinda al trader confianza para ejecutar sin vacilación.

Finalmente, evita la sobrecarga de indicadores. Demasiadas señales pueden contradecirse y paralizar la toma de decisiones. En su lugar, construye un panel minimalista – de 3 a 5 indicadores centrales que comprendas profundamente. Utiliza backtesting para validar combinaciones que se adapten a tu estilo de trading y marco temporal.

Los indicadores no son bolas de cristal – son herramientas para interpretar probabilidades. Utilizados sabiamente, elevan tu trading desde la adivinanza hasta la precisión.

Cómo Tasha Aprendió a Utilizar RSI, EMA y MACD

A Tasha le encantaban los datos. Como exprofesora de matemáticas convertida en trader de criptomonedas a tiempo completo, los números le brindaban tranquilidad. Los patrones la fascinaban. Pero cuando entró por primera vez al mundo de los indicadores, se sintió abrumada. Sus gráficos parecían un espagueti arcoíris de líneas – MACD, RSI, Bandas de Bollinger, niveles de Fibonacci, estocástico, SAR parabólico – todo amontonado. Parecía progreso, pero en realidad era caos.

Su gran avance llegó cuando eliminó todo y comenzó desde cero.

Decidió enfocarse únicamente en tres indicadores: RSI, EMA y MACD. Los estudió como si fueran textos sagrados. Cada día revisaba cómo se comportaban en distintas condiciones – tendencias alcistas, consolidaciones, falsas rupturas. Comenzó a ver patrones. Divergencias RSI antes de reversiones de precio. Cruces MACD prediciendo cambios de impulso. La

EMA de 21 actuando como soporte magnético durante fuertes tendencias alcistas.

Recordaba una operación específica en MATIC. La moneda había estado consolidándose durante días. El precio tocó la banda inferior de Bollinger justo cuando el RSI cayó a 29. El MACD aún no había cruzado — pero comenzaba a girar hacia arriba. Abrió una pequeña posición larga solo para probar su hipótesis. Dos días después, el MACD cruzó alcistamente, el RSI subió por encima de 40 y el precio se disparó un 15%. Fue la primera vez que sintió que estaba leyendo el gráfico en lugar de adivinar.

La nueva estrategia de Tasha se centraba en la confluencia. No actuaba basándose en una sola señal. El RSI por sí solo no era suficiente. Necesitaba dos o más indicadores confirmando la configuración. Un cruce MACD no era un disparador a menos que el volumen respaldara el movimiento o apareciera una divergencia RSI.

Incluso creó lo que llamaba su "Lista de Verificación de Confianza":

¿Divergencia RSI en gráfico de 4 horas o diario?

¿MACD cruzando por encima de la línea de señal?

¿Precio por encima de la EMA de 50?

¿Volumen de ruptura superior al de las últimas 3 velas?

¿Algún patrón de reversión de velas cerca del soporte?

Si podía marcar al menos tres de las cinco, entraba en la operación. De lo contrario, la dejaba pasar.

Su trading mejoró dramáticamente. Ya no reaccionaba emocionalmente a velas verdes o rojas. Esperaba que las configuraciones se desarrollaran. Algunos días ni siquiera operaba — y eso estaba bien. Registraba cada entrada en su diario, anotando qué indicadores coincidían y cuál había sido el resultado.

Tasha también comenzó a utilizar ATR para dimensionar sus operaciones. Si la volatilidad era alta, reducía el tamaño de su posición. Si el ATR era bajo, aumentaba ligeramente el tamaño pero mantenía stops ajustados. Esto aportó equilibrio a su estrategia.

Un día, un amigo le preguntó: "¿Cómo sabes cuándo confiar en un indicador?" Ella sonrió. "No confío en los indicadores. Confío en lo que me están diciendo juntos."

Ahora mantenía sus gráficos limpios — solo precio, volumen, MACD, RSI y algunas EMAs. La simplicidad le daba claridad.

Ya no necesitaba predecir. Solo tenía que leer lo que el mercado ya estaba mostrando.

Los indicadores no la hicieron perfecta. Todavía tenía operaciones perdedoras. Pero ahora tenía un sistema, respaldado por lógica, probabilidad y una mente tranquila. Y para Tasha, esa era la verdadera victoria.

Capítulo 7: Estrategias de Entrada y Salida Que Funcionan

La diferencia entre un trader promedio y uno consistentemente rentable suele estar no en detectar oportunidades, sino en ejecutar estrategias precisas de entrada y salida. Saber cuándo entrar en una operación y cómo salir — ya sea con ganancias o pérdidas — es lo que separa las decisiones impulsadas por emociones de las decisiones respaldadas por datos. Este capítulo te proporcionará las técnicas fundamentales utilizadas por traders avanzados para mejorar el timing, maximizar ganancias y cortar pérdidas con disciplina.

Una estrategia de entrada exitosa comienza con el contexto. ¿Estás operando en un mercado con tendencia o en un rango de consolidación? ¿Estás siguiendo la tendencia, operando en contra de ella o intentando capturar una ruptura? La respuesta determina tu método de entrada.

En mercados con tendencia, las entradas generalmente se realizan durante retrocesos hacia soportes dinámicos como la EMA de 21 o la EMA de 50. En consolidaciones, los traders suelen entrar en los extremos del rango — comprando en soporte y vendiendo en resistencia — o esperando una ruptura confirmada con retesteo. De cualquier manera, la entrada debe ser planificada, no impulsiva.

Uno de los métodos más confiables para entradas es la ruptura con retesteo. En lugar de entrar en la primera vela que rompe la resistencia, los traders esperan un retesteo del nivel roto, confirmándolo como nuevo soporte. Esto añade confluencia y reduce el riesgo de entrar en una falsa ruptura.

Otro método es la colocación de órdenes limitadas en zonas predefinidas. Esto es común al operar niveles de retroceso Fibonacci, bloques de órdenes o zonas de máximos/mínimos previos. Las órdenes limitadas permiten obtener mejores precios, pero requieren precisión y confianza en tu análisis.

Los traders avanzados también utilizan entradas por confirmación, esperando que los indicadores se alineen. Por ejemplo, pueden entrar en largo únicamente cuando el RSI está subiendo, el MACD ha cruzado alcistamente y el precio ha recuperado una media móvil. Estos traders sacrifican entradas tempranas a cambio de mayor probabilidad de éxito.

Ahora hablemos de las estrategias de salida – posiblemente la habilidad más descuidada entre los traders. Una operación rentable puede convertirse en una pérdida sin un plan adecuado de salida. Las salidas se dividen en tres categorías:

Salidas de Toma de Ganancias: niveles de precio predefinidos donde aseguras tus ganancias.

Salidas con Trailing Stop: ajustan dinámicamente tu stop-loss hacia arriba a medida que el precio se mueve a tu favor.

Salidas Basadas en Señales: cerrar operaciones cuando los indicadores cambian o se forman patrones de reversión.

Un nivel de toma de ganancias debe basarse en resistencias cercanas, extensiones Fibonacci o movimientos medidos (por ejemplo, la altura de un patrón de triángulo proyectada hacia adelante). Utilizar una relación beneficio-riesgo de 2:1 o 3:1 asegura rentabilidad a largo plazo, incluso si tu tasa de éxito es solo del 50%.

Los trailing stops permiten dejar correr las ganancias mientras proteges beneficios. Algunos traders utilizan medias móviles (como la EMA de 21), múltiplos del ATR o porcentajes fijos para mover el stop. Otros trasladan su stop al punto de equilibrio una vez que el precio alcanza el primer objetivo de ganancias.

Las salidas basadas en señales utilizan indicadores técnicos como cruces bajistas del MACD, divergencias RSI o patrones de velas como engulfing bajista. Aunque son dinámicas, requieren monitoreo constante y ejecución rápida.

Un enfoque híbrido suele funcionar mejor — tomando ganancias parciales en un objetivo definido y dejando correr el resto con un trailing stop. De esta manera, aseguras ganancias y al mismo tiempo permites potencial alcista adicional. Algunos traders salen en etapas: 50% en el primer objetivo, 25% en el segundo y dejan el 25% final con trailing stop.

Finalmente, la disciplina de salida durante operaciones perdedoras es vital. Nunca amplíes tu stop-loss una vez que la operación está en marcha. Respeta tu plan de gestión del riesgo. Ser detenido por un stop-loss es parte del juego. Lo importante es seguir dentro del juego.

Las entradas y salidas no son eventos aislados — forman parte de un plan de trading completo que también incluye tamaño de posición y controles de riesgo. Cuanto más repetibles sean tus estrategias de entrada y salida, más consistentes serán tus resultados.

La Estrategia de Salida de Arjun

Arjun siempre había sido bueno detectando operaciones. Podía mirar un gráfico y ver potencial. Pero por alguna razón, su cuenta permanecía estancada — ni creciendo ni disminuyendo, simplemente dando vueltas en círculos. No fue hasta que revisó su diario que detectó el patrón: mal timing en las entradas y peor timing en las salidas.

"Entro demasiado temprano o demasiado tarde", admitió para sí mismo. "Y nunca sé cuándo salir."

Decidido a cambiar eso, reconstruyó completamente su estrategia. Su primer movimiento fue abandonar por completo las órdenes de mercado. Comenzó a planificar entradas limitadas, colocando órdenes de compra en zonas de soporte y niveles de retroceso, en lugar de perseguir velas en pleno movimiento. Una operación en Avalanche le enseñó todo.

El precio estaba rompiendo por encima de la resistencia – todos estaban entrando. Arjun también quería comprar, pero hizo una pausa. Marcó el nivel de ruptura, colocó una orden limitada justo debajo y esperó el retesteo. Horas después, el precio retrocedió, tocó su orden y luego explotó al alza. La entrada le dio un mejor precio y mayor confianza.

Su estrategia de salida necesitaba aún más trabajo. Antes, cerraba toda la operación por pánico cuando el precio titubeaba o se volvía codicioso y mantenía demasiado tiempo. Ahora utilizaba objetivos medidos basados en patrones gráficos. Si operaba una bandera, proyectaba la altura del mástil para calcular una zona de toma de ganancias.

También agregó trailing stops a su sistema. En una operación de Cardano, una vez que el precio subió 8%, movió su stop al punto de equilibrio. Cuando alcanzó 12%, colocó su trailing stop justo debajo de la EMA de 21. El precio siguió subiendo. Finalmente salió con una ganancia del 20% — su mejor operación en meses — y se sintió sin esfuerzo.

Otro cambio importante fueron las salidas parciales. Dejó de tratar cada operación como todo o nada. En su lugar, tomaba 50% de ganancias en el primer objetivo, dejaba 25% hacia un segundo objetivo y colocaba trailing stop al resto. Fue liberador. Incluso cuando la última porción salía antes de tiempo, igualmente aseguraba una ganancia.

Pero su momento de mayor orgullo llegó durante una pérdida.

Entró en una operación de LINK que parecía prometedora, pero comenzó a perder fuerza. Su stop-loss estaba 2% por debajo de la entrada. El precio cayó lentamente... y luego lo tocó. Sintió la tentación de ampliar el stop — "¡Podría rebotar!" — pero no lo hizo. Lo dejó ir. Perdió 2%. Pero el viejo Arjun habría convertido eso en una pérdida del 10%.

Sonrió mientras registraba la pérdida. "Salida perfecta", escribió.

Con sus nuevas reglas, el trading se sentía menos emocional. Tenía un plan antes de cada operación. Conocía su disparador de entrada, su stop y sus objetivos. Ya no se trataba de adivinar. Se trataba de ejecutar.

Arjun ya no temía perderse oportunidades ni equivocarse. Simplemente se enfocaba en la siguiente configuración limpia — porque ahora tenía un sistema que le decía exactamente cuándo entrar... y más importante aún, cuándo salir.

Capítulo 8: Psicología del Trading de Alto Rendimiento

Dominar gráficos, indicadores y estrategias de riesgo es vital – pero incluso los sistemas más avanzados se derrumban sin la psicología adecuada del trader. Tu mentalidad es el lente a través del cual interpretas los datos, reaccionas a ganancias y pérdidas, y mantienes la disciplina. En el trading de alto rendimiento, la fortaleza psicológica es lo que transforma la consistencia en rentabilidad.

El primer pilar de la psicología del trading es la regulación emocional. El miedo y la codicia son las dos fuerzas que sabotean incluso las estrategias más racionales. El miedo provoca dudas, salidas prematuras y oportunidades perdidas. La codicia conduce al sobretrading, al revenge trading y a posiciones demasiado grandes. Los traders más exitosos son emocionalmente neutrales – tranquilos en las victorias, desapegados en las pérdidas y enfocados en el proceso más que en el resultado.

Para alcanzar este nivel, los traders deben desarrollar autoconciencia. Llevar un diario de trading es una de las herramientas más efectivas para lograrlo. Registra cada operación, la razón detrás de ella, cómo te sentías antes de entrar, qué ocurrió después y cómo reaccionaste. Con el tiempo, esto construye un espejo de tu comportamiento y revela patrones. Comenzarás a notar hábitos — como operaciones impulsivas después de una ganancia o la tendencia a mover stop-losses cuando sientes incertidumbre.

Otro principio fundamental es desarrollar una mentalidad basada en reglas. Esto significa depender de sistemas predefinidos, no de emociones o intuiciones. Un sistema te dice cuándo operar, cuándo no hacerlo y exactamente qué hacer en cada situación. Sin reglas, estás adivinando — y los mercados castigan las adivinanzas. Con reglas, sigues un proceso estructurado que puede refinarse con el tiempo.

La disciplina es el músculo que hace cumplir tus reglas. Es fácil seguir tu plan cuando todo va bien — pero la verdadera prueba llega durante drawdowns, volatilidad por noticias o pérdidas inesperadas. Los traders de alto rendimiento aceptan las pérdidas como parte del juego. No luchan contra el mercado ni intentan "recuperarlo". Se mantienen fieles a su ventaja y permiten que las probabilidades hagan su trabajo.

Igualmente importante es tu sistema de creencias acerca del dinero. Muchos traders se autosabotean inconscientemente debido a creencias profundamente arraigadas: "No merezco ganar tanto", "El dinero es difícil de ganar" o "Siempre pierdo cuando intento algo nuevo". Identificar y reemplazar estas creencias limitantes por otras fortalecedoras – como "Gestiono el riesgo como un profesional" o "Mi ventaja se desarrolla con el tiempo" – cambia tu narrativa interna y aumenta tu confianza.

Las rutinas y rituales también contribuyen al éxito en el trading. Comienza cada día con un ritual previo al mercado: revisa gráficos, planifica operaciones, medita o repasa afirmaciones. Termina el día con un ritual posterior al mercado: revisa resultados, escribe en tu diario y aléjate de las pantallas. Esto crea estructura y separa el trading del resto de tu vida, reduciendo el desgaste emocional.

Los traders de alto nivel también evitan operar basándose en la identidad. No permiten que las ganancias inflen su ego ni que las pérdidas destruyan su confianza. No necesitan "demostrar" nada con cada operación. Se ven a sí mismos como profesionales enfocados en el proceso – más como cirujanos que como apostadores.

Finalmente, comprende el concepto de capital mental. Al igual que el capital financiero, tu capacidad para tomar decisiones acertadas es limitada. Evita la fatiga de decisiones limitando la cantidad de operaciones que realizas, programando descansos y alejándote de los gráficos después de operaciones emocionalmente intensas.

La psicología no es una solución de una sola vez. Es una disciplina continua, muy parecida al entrenamiento físico. Cuanto más fuerte se vuelve tu mente, más precisas y rentables serán tus decisiones de trading.

Ahora, hablemos de Diego.

Diego tenía todas las herramientas. Sus gráficos eran impecables, sus indicadores perfectamente ajustados y su gestión del riesgo estaba en orden. Sin embargo, semana tras semana, algo salía mal. Entraba demasiado pronto, salía demasiado tarde y duplicaba posiciones en pérdidas. Una vez convirtió una semana ganadora en un mes perdedor porque no pudo dejar de hacer revenge trading después de que un stop-loss fuera activado por una simple mecha de vela.

No era su sistema lo que estaba roto. Era él.

Una tarde, después de cerrar su laptop frustrado, salió a caminar y se hizo la pregunta que cambió todo: "¿Y si el problema no es el mercado... sino mi mente?"

A la mañana siguiente, Diego comenzó una nueva práctica: un diario de trading. Pero no solo números — emociones. En cada operación escribía lo que sentía y lo que le decía su voz interior. Al principio parecía ridículo. Pero en menos de dos semanas comenzaron a aparecer patrones. Notó que después de cada victoria se sentía invencible y operaba demasiado. Después de pérdidas, se tensaba, ignoraba confirmaciones y entraba impulsivamente.

Su diario se convirtió en un espejo, y el reflejo era honesto.

Comenzó a construir reglas — no para la estrategia, sino para el comportamiento. "No operar después de dos pérdidas consecutivas." "Si siento FOMO, espero dos velas." "Solo operar durante las primeras dos horas de mis sesiones elegidas." Colocó estas reglas en la pared. Cuando las rompía, no se castigaba. Revisaba, aprendía y ajustaba.

Un día sufrió tres pérdidas seguidas. El viejo Diego habría seguido operando para "recuperarlo". El nuevo Diego cerró los gráficos, salió a correr y regresó al día siguiente con la mente despejada. Solo eso le ahorró miles de dólares.

Pero no se trataba solo de disciplina. Diego también trabajó en sus creencias acerca del dinero. Se dio cuenta de que había crecido escuchando que "la gente rica tiene suerte" y que "el dinero fácil no dura". Inconscientemente, había estado saboteando sus ganancias, saliendo demasiado temprano o añadiendo estrés innecesario. Reemplazó esas creencias con nuevas afirmaciones: "Gano gracias a mi habilidad", "La disciplina crea riqueza", "Protejo tanto mi capital como mi mentalidad".

Creó rituales — cinco minutos de meditación antes de cada sesión, un vaso de agua, revisar el plan, una respiración profunda. Eso lo centraba. Dejó de necesitar tener razón. Solo necesitaba seguir el plan. Ganara o perdiera, todo se trataba de la ejecución.

A medida que pasaban los meses, Diego no se volvió alguien sin emociones — se volvió emocionalmente consciente. Sabía cuándo retroceder, cuándo avanzar y cuándo simplemente alejarse. No era perfecto, pero era consistente. Y eso cambió todo.

Ahora, cuando las personas le preguntaban cuál era el secreto del éxito, no hablaba de indicadores ni configuraciones. Sonreía y decía: "¿El verdadero juego? Está todo en tu mente."

Capítulo 9: Construyendo y Probando una Estrategia Ganadora mediante Backtesting

Una estrategia de trading ganadora no es una señal secreta ni un indicador mágico — es un sistema estructurado de reglas diseñado para darte una ventaja estadística con el tiempo. Los traders profesionales no dependen de la esperanza ni del instinto. Construyen, prueban y refinan sus estrategias utilizando datos reales antes de arriesgar capital. Este capítulo te mostrará cómo desarrollar una estrategia de trading personalizada y cómo validarla mediante backtesting para garantizar consistencia y rentabilidad a largo plazo.

El primer paso es definir tu estilo de trading. ¿Eres day trader, swing trader o position trader? Tu estrategia debe alinearse con tu disponibilidad de tiempo, psicología y tolerancia al riesgo. Un scalper necesitará configuraciones rápidas y precisas en temporalidades bajas. Un swing trader puede operar utilizando gráficos de 4 horas o diarios y mantener posiciones durante días. No existe un estilo "correcto" — solo el que mejor se adapta a ti.

Luego, crea una estructura para tu sistema, que incluya:

Condiciones de mercado: ¿La estrategia funciona en mercados con tendencia, laterales o volátiles?

Criterios de entrada: ¿Qué señales exactas deben alinearse antes de entrar? (por ejemplo, divergencia alcista RSI, cruce MACD, ruptura de triángulo, etc.)

Ubicación del stop-loss: ¿Dónde saldrás si la operación va en tu contra?

Método de toma de ganancias: ¿Apuntarás a una relación fija beneficio-riesgo, utilizarás extensiones Fibonacci o trailing stops?

Indicadores y filtros: ¿Qué herramientas utilizarás para filtrar malas configuraciones?

Tamaño de posición: ¿Cuánto arriesgarás por operación?

Una vez que esta estructura esté definida, el siguiente paso es el backtesting — el proceso de aplicar tu estrategia a datos históricos para ver cómo habría funcionado. Esto proporciona información sobre la tasa de éxito del sistema, la relación promedio beneficio-riesgo, drawdowns y rentabilidad.

El backtesting manual implica revisar gráficos pasados y registrar cada configuración como si estuvieras operándola en vivo. Para cada configuración documentas entrada, stop-loss, toma de ganancias y resultado. Esto puede realizarse en TradingView utilizando la función bar replay.

El backtesting automatizado utiliza plataformas como:

TradingView Strategy Tester (con Pine Script)

QuantConnect (motor de estrategias basado en Python)

Backtrader (para pruebas algorítmicas)

CryptoTester o Chartlog (para traders discrecionales)

Durante el backtesting, realiza seguimiento de métricas clave:

Tasa de éxito: porcentaje de operaciones rentables.

Profit Factor: ganancia bruta dividida entre pérdida bruta (un PF superior a 1.5 generalmente es bueno).

Máximo Drawdown: la mayor caída desde un pico hasta un valle — revela qué tan riesgoso es el sistema.

Relación promedio beneficio-riesgo: la relación media de recompensa frente al riesgo por operación.

Expectativa: la ganancia promedio por operación considerando tasa de éxito y relación beneficio-riesgo.

Después del backtesting, viene el forward testing. Esto significa aplicar la estrategia en tiempo real (en una cuenta demo o pequeña cuenta real) para observar cómo funciona bajo condiciones reales del mercado, incluyendo slippage, velocidad de ejecución e impacto de noticias.

También es fundamental documentar y perfeccionar tu estrategia con el tiempo. Muchos traders utilizan Notion, Google Sheets o diarios de trading dedicados para registrar datos, detectar problemas recurrentes y mejorar configuraciones. Esto crea un ciclo de retroalimentación donde cada operación se convierte en una entrada para construir una mejor estrategia.

Finalmente, acepta que ningún sistema funciona el 100% del tiempo. Incluso una estrategia sólida puede atravesar rachas de pérdidas. El objetivo no es la perfección — es la consistencia, claridad y control. El backtesting no elimina el riesgo, pero ayuda a comprenderlo y gestionarlo con confianza.

Construir y probar una estrategia mediante backtesting transforma el trading de especulación a toma de decisiones estructurada. Es la base de la carrera de todo trader profesional — y el comienzo de la verdadera maestría.

Por Qué Mina Eligió el Swing Trading

Mina lo había intentado todo. Estrategias de YouTube, señales pagadas, consejos de Reddit — nada funcionaba por mucho tiempo. Una semana ganaba dinero y la siguiente perdía el doble. Estaba cansada de saltar entre gurús y juegos de adivinanzas. Una noche, después de otra pérdida dolorosa, cerró su laptop y murmuró: "Necesito un plan real."

Al día siguiente, comenzó a construir su propia estrategia de trading. Nada más de copiar a otros. Esta sería suya — probada, monitoreada y diseñada específicamente para su manera de pensar y operar.

Primero, definió su estilo. Mina tenía un trabajo de tiempo completo, por lo que el day trading estaba descartado. Eligió swing trading en el gráfico de 4 horas — suficientemente lento para manejarlo, pero lo bastante rápido para generar operaciones consistentes. Decidió enfocarse en configuraciones de continuación de tendencia utilizando RSI, MACD y retrocesos Fibonacci.

Definió sus reglas:

Operar solo en mercados alcistas.

Entrar en un retroceso hacia el nivel Fibonacci 61.8%, confirmado por RSI en sobreventa y un giro alcista del MACD.

Stop-loss justo debajo del mínimo del swing.

Tomar ganancias en el máximo reciente o utilizar una relación beneficio-riesgo de 2.5:1.

Arriesgar 1.5% por operación.

Con su plan sobre papel, abrió TradingView y comenzó a realizar backtesting manual sobre los últimos seis meses de datos de Ethereum. Utilizó la herramienta bar replay para simular el mercado vela por vela. Cada vez que aparecía su configuración, registraba la operación — entrada, stop, objetivo y resultado — en Google Sheets.

Después de 40 operaciones de muestra, los resultados fueron alentadores:

Tasa de éxito: 55%

Relación promedio beneficio-riesgo: 2.2:1

Profit Factor: 1.8

Máximo Drawdown: 8%

Expectativa: positiva

No era magia. Eran datos. Y eso cambió todo.

Comenzó a probar su estrategia en tiempo real con operaciones de $100. Aún no se trataba de ganar dinero — se trataba de construir confianza. Descubrió problemas del mundo real: slippage durante eventos de noticias, dudas al operar en vivo y configuraciones perdidas mientras dormía. Ajustó sus alertas y agregó filtros de horario para operar solo entre las 6 AM y las 10 PM.

Cada fin de semana revisaba sus operaciones como un entrenador analizando grabaciones de juego. Detectó errores. Una operación realizada durante un pump de fin de semana estaba fuera de su plan — eliminó el trading de fines de semana de su estrategia. Otra entrada ocurrió demasiado pronto — agregó una regla de confirmación mediante cierre de vela.

El diario de Mina se llenó de capturas de pantalla, notas y lecciones. Su estrategia evolucionó — no de manera salvaje, sino mediante pequeños ajustes impulsados por datos. Dejó de perseguir operaciones. Comenzó a esperar. A planificar. Y lo más importante, comenzó a creer en su sistema.

Un día, un amigo le preguntó: "¿Cómo sabes que funcionará?"

Ella sonrió y respondió: "Porque ya he visto que funciona. Durante más de 50 operaciones. No es perfecta — pero es mía."

Del caos al control, Mina había construido algo que pocos traders logran crear — una estrategia que se adaptaba a su vida, funcionaba con su psicología y estaba comprobada por sus propias manos.

Y dentro de esa estructura, encontró libertad.

Capítulo 10: Escalando y Automatizando Tu Sistema de Trading

Una vez que has construido una estrategia de trading comprobada y rentable, la siguiente evolución es escalar y automatizar tu sistema. Escalar aumenta tus ganancias sin incrementar proporcionalmente el riesgo ni el tiempo invertido. La automatización reduce la interferencia emocional, aumenta la consistencia y te permite operar incluso cuando no estás físicamente presente. En este capítulo, cubriremos cómo los traders avanzados elevan su nivel utilizando escalamiento de posiciones, modelos de asignación de capital, herramientas de automatización y flujos de trabajo de gestión pasiva.

El Escalamiento Comienza con la Eficiencia del Capital

Antes de aumentar el tamaño de tus operaciones, primero debes confirmar la confiabilidad estadística de tu estrategia. Eso significa contar con una estrategia que tenga:

Al menos 30–50 operaciones probadas mediante backtesting,

Un profit factor positivo (1.5 o superior),

Drawdowns razonables (preferiblemente inferiores al 20%),

Y una ventaja claramente definida.

A partir de ahí, puedes escalar de dos maneras: crecimiento del tamaño de posición y escalamiento dentro de las operaciones.

El crecimiento del tamaño de posición significa aumentar el riesgo por operación – de 1% a 1.5%, luego a 2% – mientras mantienes disciplina.

El escalamiento dentro de posiciones se refiere a entrar en etapas – comprando 33% en la primera señal, 33% en la confirmación y 33% después de la ruptura. Esto suaviza el riesgo de entrada y frecuentemente mejora el precio promedio de entrada.

Los traders también pueden escalar sus salidas, cerrando posiciones en etapas. Esto asegura ganancias mientras permite que el potencial alcista continúe, creando un efecto compuesto sobre el crecimiento del capital.

Estrategias de Asignación de Capital

A medida que tu portafolio crece, no todo tu capital necesita estar activo. Muchos traders profesionales segmentan sus fondos en:

Asignación principal de estrategia (por ejemplo, swing trading)

Inversiones pasivas a largo plazo

Cuentas de stablecoins generando intereses

Operaciones algorítmicas o asistidas por bots

Operaciones experimentales de alto riesgo (con asignación pequeña)

Utilizar el Criterio de Kelly o Modelos de Fracción Fija te permite determinar la porción óptima de capital a arriesgar por operación para maximizar el crecimiento sin sobreexponerte.

Automatizando la Ejecución y la Gestión

La automatización en el trading no se trata únicamente de bots — se trata de sistemas. Puede incluir:

Alertas y disparadores de operaciones

Configuraciones automáticas de stop-loss y toma de ganancias

Trailing stops

Herramientas de rebalanceo de portafolio

Bots de trading basados en API

Plataformas como 3Commas, Pionex, TradeSanta y Cryptohopper permiten configuraciones de bots basadas en reglas para seguimiento de tendencias, DCA, grid trading y scalping. Los usuarios más avanzados construyen sistemas utilizando MetaTrader, QuantConnect o Pine Script de TradingView para scripts personalizados que ejecutan operaciones automáticamente basadas en la lógica de la estrategia.

Los bots no garantizan ganancias. Su poder radica en eliminar emociones y garantizar que las reglas se sigan sin vacilación.

Sistematizando Tu Flujo de Trabajo

Para convertirte en escalable, trata el trading como un negocio:

Establece un ritual semanal de planificación de operaciones (analizando configuraciones, configurando alertas y refinando estrategias).

Utiliza una herramienta de gestión de proyectos (como Notion o Trello) para rastrear rendimiento e ideas.

Crea plantillas para journaling, análisis y revisiones semanales de operaciones.

Construye tu propio panel utilizando Excel, Google Sheets o software especializado de gestión de trading. Incluye métricas de rendimiento, curva de capital y desglose de operaciones para mejorar la claridad.

También considera automatizar tu vida alrededor del trading — desde sincronizar horarios de mercado hasta alertas en tu teléfono y respaldos en la nube para tus datos. La automatización libera tu energía mental para decisiones críticas.

Escalando con Disciplina

Finalmente, comprende que el crecimiento debe ir acompañado de mentalidad. Más capital equivale a más presión. No pases de operar posiciones de $500 a $5,000 de la noche a la mañana. Incrementa la exposición lentamente mientras te adaptas emocional y operativamente.

Establece puntos de control para el escalamiento — solo aumenta el tamaño después de 20 operaciones consecutivas ejecutadas consistentemente. Enfócate en la ejecución, no solo en las ganancias.

El escalamiento y la automatización no se tratan de operar más — se tratan de operar mejor, más rápido y con mayor control.

La Historia de Reina

Reina estaba sentada en su oficina en casa, observando su curva de capital. Le había tomado casi 18 meses, pero finalmente había construido una estrategia consistente de swing trading. Su tasa de éxito rondaba el 60%, su riesgo estaba estrictamente gestionado y su diario de trading estaba lleno de operaciones ganadoras.

Pero tenía un nuevo problema.

Su portafolio estaba creciendo y su estrategia seguía diseñada para una cuenta pequeña. Gestionarla manualmente se estaba volviendo abrumador. Necesitaba un sistema — uno que pudiera escalar sin agotarla.

Entonces comenzó a construirlo.

Su primer movimiento fue segmentar su capital. Creó cuatro categorías:

Operaciones activas de swing trading

Inversiones de largo plazo

Cuentas de stablecoins generando rendimiento

Pequeñas operaciones de prueba para nuevas estrategias

Solo eso le dio claridad. Ya no tenía dudas sobre dónde colocar una moneda prometedora o qué nivel de riesgo utilizar. Cada operación ahora tenía un lugar y un propósito.

Luego comenzó a utilizar 3Commas. Conectó sus cuentas de Binance y KuCoin mediante API. En lugar de ingresar órdenes manualmente, construyó bots que ejecutaban su estrategia RSI/MACD basándose en sus reglas. Configurarlo tomó tiempo, pero una vez funcionando, todo fue fluido — no más entradas perdidas ni salidas tardías. Las alertas activaban acciones. Los stop-loss eran instantáneos.

No apostó todo a la automatización. Comenzó poco a poco — dejando que el bot operara un portafolio de prueba de $500. No era perfecto, pero funcionaba. Y lo más importante, seguía las reglas — siempre. Sin dudas. Sin emociones. Solo ejecución.

También creó un panel personalizado en Google Sheets. Rastreadaba crecimiento del capital, relación promedio beneficio-riesgo, tasa de éxito y drawdown mensual. Lo revisaba cada domingo — su nuevo ritual. Solo ella, sus notas y una tranquila taza de té.

A medida que crecía su confianza, comenzó a escalar. No duplicando posiciones de la noche a la mañana, sino lentamente — incrementos del 1% después de cada 10 operaciones limpias. Se impuso una regla: ningún aumento de tamaño sin disciplina primero.

Pronto, el trading se volvió... más ligero. Su sistema trabajaba con ella. Las alertas sonaban cuando el precio alcanzaba zonas clave. Su panel mostraba su ventaja en tiempo real. Su diario evolucionó de desahogo emocional a optimización estratégica.

Un día, un amigo le preguntó cómo manejaba operaciones más grandes. Reina sonrió. "Ya no soy yo", dijo. "Es el sistema."

Y fue entonces cuando se dio cuenta: no solo había crecido como trader — había construido una máquina. Una diseñada para durar, impulsada por disciplina y creada para escalar.

Capítulo 11: Creando una Carrera a Largo Plazo en el Trading de Criptomonedas

Para la mayoría de las personas, el trading es una obsesión temporal — un ingreso adicional, una montaña rusa emocional o un experimento para ganar dinero rápido. Pero para un pequeño grupo de individuos, se convierte en algo más: una carrera sostenible y a largo plazo. Construir una carrera en trading requiere mucho más que estrategias rentables. Exige estructura, resiliencia, educación continua y una mentalidad profesional. En este capítulo, exploraremos cómo pasar de ser un trader ocasional a un profesional del trading — alguien con sistemas, estabilidad de ingresos y longevidad en los mercados de criptomonedas en constante evolución.

El primer elemento de una carrera sostenible en trading es tratar el trading como un negocio. Esto significa mantener registros detallados de cada operación, rastrear métricas de rendimiento, calcular impuestos y revisar objetivos mensual o trimestralmente. Así como una pequeña empresa evalúa gastos, ganancias y comportamiento de clientes, un trader debe evaluar su ventaja, exposición al riesgo, desempeño psicológico y diversificación estratégica.

Luego, enfócate en múltiples fuentes de ingresos. Depender únicamente de las ganancias del trading puede crear presión psicológica que conduce a errores. Muchos traders de tiempo completo complementan sus ingresos mediante:

Creación de contenido educativo (YouTube, cursos, newsletters)

Ofrecer señales o coaching privado (de forma ética y transparente)

Construir o monetizar comunidades de trading

Desarrollar y licenciar bots de trading

Invertir en activos de largo plazo como staking, bienes raíces o acciones

Construir estas fuentes de ingresos te permite operar con menos presión emocional, porque no dependes de cada operación para pagar tus facturas.

Otro principio clave es la escalabilidad mediante sistemas. Un trader profesional automatiza tareas siempre que sea posible — desde el journaling de operaciones hasta el escaneo de configuraciones y la ejecución de estrategias mediante bots o scripts. Desarrollan manuales de acción para diferentes condiciones de mercado. Por ejemplo, saben exactamente qué hacer durante períodos de baja volatilidad o cuando Bitcoin rompe soportes importantes. Estos manuales reducen la indecisión y aumentan la adaptabilidad.

Con el tiempo, una carrera de trading también debe evolucionar hacia la gestión de portafolios. En lugar de pensar en operaciones individuales, piensa en asignación de capital. ¿Qué porcentaje de tu patrimonio está en trading activo? ¿Qué porcentaje está en holdings de largo plazo? ¿Qué porcentaje está en yield farming o DeFi? ¿Qué porcentaje está en stablecoins o fondos de emergencia? Los traders que ignoran la visión de portafolio suelen sobreexponerse sin darse cuenta.

La resiliencia mental se vuelve más importante cuanto más tiempo operas. Encontrarás caídas inesperadas del mercado, drawdowns brutales, cambios regulatorios y agotamiento emocional. El éxito requiere una mentalidad de largo plazo — una que enfatice el proceso sobre la ganancia. La maestría no proviene de perseguir operaciones de 10x, sino de ejecutar consistentemente bajo condiciones cambiantes.

Además, continúa invirtiendo en tu educación. Los mercados evolucionan. Las herramientas evolucionan. Las estrategias que funcionaron en 2021 pueden fracasar en 2025. Lee libros, únete a grupos mastermind, asiste a eventos virtuales y mantente actualizado sobre cambios macroeconómicos. El aprendizaje permanente es tu armadura.

Finalmente, crea un estilo de vida que apoye el trading. Optimiza tu sueño, nutrición, ejercicio y espacio de trabajo. Establece límites alrededor de tu tiempo y energía. El burnout es real — especialmente cuando las pantallas dominan tu día. La longevidad requiere equilibrio.

El trading puede ser mucho más que un ingreso adicional. Puede convertirse en una profesión — una que ofrezca libertad de tiempo, control de ingresos y movilidad global. Pero como cualquier carrera, exige sistemas, disciplina y evolución. Trátalo con el respeto de un artesano, y podrá servirte durante décadas.

La Carrera Cripto a Largo Plazo de Jared

Jared llevaba cuatro años operando. Lo que comenzó como un ingreso extra durante los confinamientos de 2020 se había convertido en una dedicación de tiempo completo. Ya no tenía un empleo de 9 a 5, pero trabajaba más duro que nunca. Los mercados nunca dormían — y parecía que él tampoco.

Al principio, el estilo de vida era emocionante. Despertar, operar la apertura de Nueva York, tomar un descanso, analizar gráficos por la noche y repetir. Pero después de su primer mercado bajista, las cosas cambiaron. Sus ganancias disminuyeron. Su confianza tambaleó. ¿Y su salud? También se vio afectada.

Fue entonces cuando Jared decidió dejar de tratar el trading como un hobby y comenzar a tratarlo como una carrera.

Construyó una oficina adecuada — un espacio tranquilo con dos monitores, un escritorio de pie y una pizarra con objetivos semanales de trading. Creó una rutina diaria: revisión de gráficos, planificación premercado, caminata al mediodía y journaling después de operar. Rastreaba métricas como un CFO: tasa de éxito, drawdown y expectativa. Sus fines de semana eran sagrados para revisar, descansar y planificar estratégicamente.

Para reducir la presión, diversificó sus ingresos. Lanzó una newsletter gratuita en Substack que creció hasta convertirse en un grupo premium. No vendía señales — solo análisis. Era honesto, educativo y le proporcionaba ingresos adicionales suficientes para cubrir sus gastos de vida. De repente, ya no sentía que cada operación tenía que funcionar.

Comenzó a pensar en sistemas, no en señales. Automatizó el registro de operaciones mediante una API de Google Sheets. Utilizaba scripts de TradingView para enviar alertas. Escribió protocolos para diferentes tipos de mercado — alcista, bajista y lateral — y los seguía como un piloto sigue una lista de verificación.

Su capital creció. Asignó porciones a posiciones de criptomonedas de largo plazo, algunas stablecoins para generar rendimiento y un pequeño proyecto DeFi en el que creía. Ya no tenía todos los huevos en una sola canasta — ahora tenía un portafolio diversificado.

Pero el cambio más grande fue interno. Jared ya no se emocionaba exageradamente con las ganancias ni se destruía emocionalmente con las pérdidas. Comenzó a meditar. Empezó a entrenar regularmente. Mejoró su alimentación y su sueño. El trading ya no eran solo gráficos — era un estilo de vida, y necesitaba ser sostenible.

Una mañana observó su diario. Más de 800 operaciones registradas. La curva de capital era estable. Su bot acababa de cerrar una pequeña ganancia durante la noche. Tomó café, observó el amanecer y se dio cuenta — lo había logrado.

No solo se había convertido en trader. Había construido una carrera — una basada en sistemas, equilibrio y crecimiento. No se trataba de hacerse rico rápidamente. Se trataba de permanecer en el juego el tiempo suficiente para permitir que los números se compusieran, que las habilidades se afilaran y que la libertad floreciera.

Capítulo 12: El Futuro del Trading de Criptomonedas — Tendencias, Tecnología y Oportunidades Globales

A medida que los mercados de criptomonedas maduran, también evoluciona el panorama del trading profesional. La ventaja que antes provenía simplemente de saber leer una vela japonesa ahora está cambiando hacia la adaptabilidad, la automatización y la conciencia global. En este capítulo final, miraremos hacia el futuro — explorando el futuro del trading de criptomonedas, las herramientas emergentes, los cambios del mercado y las tendencias geopolíticas para las que los traders visionarios deben prepararse.

1. El Auge de la IA y el Trading Algorítmico

La inteligencia artificial está moldeando cada vez más la manera en que se operan los mercados financieros. Los bots impulsados por IA pueden analizar sentimiento social, monitorear actividad on-chain y tomar decisiones de trading en microsegundos — mucho más rápido que cualquier humano. Plataformas como Kronos Research, Numerai e incluso modelos de IA de código abierto están liderando este movimiento.

Los traders minoristas están obteniendo acceso a herramientas simplificadas de IA, como constructores de bots sin código, copiadores de señales y sistemas automatizados de gestión de operaciones. La ventaja dejará de depender únicamente de configuraciones técnicas y pasará a depender de quién pueda construir sistemas más inteligentes y rápidos que se adapten al comportamiento del mercado en tiempo real.

2. El Análisis On-Chain Como el Nuevo Estándar

Los traders del futuro dependerán fuertemente de datos on-chain, los cuales proporcionan transparencia y profundidad que los mercados financieros tradicionales no pueden ofrecer. Métricas como actividad de billeteras, entradas a exchanges, interacciones con contratos inteligentes y votaciones de gobernanza ya se están convirtiendo en partes fundamentales de estrategias de nivel profesional.

Surgirán nuevas plataformas que ofrecerán paneles de inteligencia on-chain en tiempo real, con alertas sobre movimientos de ballenas, emisión de tokens, actualizaciones de protocolos y cascadas de liquidaciones — todo en una sola vista.

3. Infraestructura de Trading Descentralizada

La próxima ola de adopción se dirige hacia los DEXs (exchanges descentralizados) y el trading nativo de DeFi. A medida que los usuarios demandan más soberanía, privacidad y control no custodial, protocolos como dYdX, GMX, Uniswap v4 y Perpetual Protocol se están volviendo dominantes.

Los traders avanzados deberán aprender a navegar tarifas de gas, slippage, riesgo de contratos inteligentes y profundidad de liquidez entre diferentes cadenas. Herramientas como DeBank, Zapper y Rabby Wallet reemplazarán los paneles tradicionales para quienes gestionen portafolios DeFi.

4. Regulaciones Globales y Fragmentación KYC

El trading de criptomonedas se está fragmentando cada vez más debido a regulaciones jurisdiccionales. Algunos países adoptarán la innovación y ofrecerán entornos fiscales eficientes; otros impondrán controles de capital y estrictos requisitos KYC/AML.

Los traders deberán volverse geo-estratégicos: utilizando VPNs, cuentas multi-jurisdiccionales, residencias internacionales y exchanges offshore para optimizar legalmente acceso e impuestos. El futuro podría requerir comprender el arbitraje regulatorio como parte del conjunto de herramientas de trading.

5. La Tokenización de Todo

Desde bienes raíces hasta acciones, commodities, arte y propiedad intelectual, los activos tokenizados inundarán la blockchain. El trading ya no se tratará únicamente de BTC y ETH — incluirá microacciones de edificios, regalías de NFTs musicales e incluso créditos de carbono tokenizados.

Los traders que adopten tempranamente las clases de activos tokenizados se beneficiarán de baja competencia y alta ineficiencia — condiciones ideales para especuladores hábiles.

6. Nuevos Mercados y Zonas Horarias

Las criptomonedas son globales, y sus oportunidades no están limitadas por los horarios de Wall Street. Los mercados más activos podrían desplazarse hacia Asia, África, América Latina y centros tecnológicos emergentes como Dubai o Singapore. Los traders con comprensión de múltiples ciclos económicos, exposición cambiaria y tendencias locales de adopción obtendrán ventaja competitiva.

Los traders del futuro podrían participar en subastas impulsadas por IA en tiempo real, lanzamientos de tokens gobernados por DAOs o mercados de liquidez basados en tiempo — innovaciones que aún ni siquiera han llegado al mercado masivo.

7. La Habilidad Humana Seguirá Importando

A pesar de toda la automatización, los mejores traders seguirán siendo aquellos que combinen intuición humana con precisión de máquinas. Reconocimiento de patrones, tolerancia al riesgo, control emocional y adaptabilidad — estas habilidades no son fáciles de programar. Los ganadores del mañana combinarán pensamiento sistémico con estrategia creativa.

El futuro del trading recompensará a quienes inviertan en aprendizaje permanente, adaptación rápida y pensamiento interdisciplinario. Las herramientas pueden evolucionar — pero tu ventaja siempre vendrá de cómo las utilices.

Cómo Ishan Aprendió a Rastrear Billeteras de Ballenas

Ishan era un trader veterano — no por edad, sino por experiencia. Había vivido el verano DeFi, sobrevivido al invierno cripto de 2022 y atravesado múltiples ciclos alcistas. Pero últimamente, algo había cambiado. No era el mercado... eran las herramientas. Todo estaba evolucionando más rápido que nunca.

Su ventaja antes era leer gráficos. Ahora era la integración de sistemas. Ya no era simplemente un trader — estaba construyendo bots, alimentándolos con datos provenientes de análisis on-chain y permitiendo que ejecutaran estrategias que antes realizaba manualmente. Todavía hacía algunas operaciones manuales ocasionalmente — pero más frecuentemente monitoreaba paneles, ajustaba parámetros y revisaba registros de rendimiento.

Ishan había aprendido a rastrear billeteras de ballenas en tiempo real. Se suscribió a servicios de alertas on-chain que le notificaban cuando grandes billeteras movían ETH hacia exchanges centralizados. Muchas veces, esos movimientos señalaban una venta masiva — y él salía antes de que los traders minoristas siquiera se dieran cuenta.

Pero lo que realmente cambió su juego fue el posicionamiento global. Se mudó a Portugal por ventajas fiscales, abrió una cuenta en un exchange con sede en Dubai y aprendió a leer volúmenes de trading japoneses durante las horas pico de Asia. Ya no estaba limitado por fronteras — solo por ancho de banda.

Comenzó a experimentar con activos tokenizados — comprando exposición inmobiliaria en Bali, una participación tokenizada en tierras agrícolas de Argentina y realizando staking en regalías musicales basadas en NFTs. Su portafolio ya no se parecía en nada al de 2020.

Una noche, mientras revisaba sus configuraciones, un trader más joven le preguntó: "¿No te preocupa que los bots nos reemplacen?"

Ishan se rio. "Reemplazarán a los indisciplinados. No a los pensadores."

Se recostó, tomando té, mientras observaba uno de sus bots personalizados ajustar automáticamente un trailing stop basándose en volatilidad en tiempo real. "Las herramientas evolucionarán", dijo. "Pero el juego sigue siendo el mismo — datos, riesgo y psicología. Los únicos traders que sobreviven... son los que evolucionan."

Y con eso, cerró su laptop. Su sistema seguiría funcionando durante la noche. Él estaría despierto al amanecer — no persiguiendo velas, sino orquestando estrategias.

Ya no estaba simplemente operando.

Estaba construyendo el futuro del trading.

El Trader En El Que Te Has Convertido

Has llegado al final del Libro 8 — no solo a otro capítulo, sino a un hito en tu transformación como trader.

A estas alturas, has construido mucho más que una comprensión técnica de los mercados de criptomonedas. Has aprendido a leer patrones, controlar el riesgo, ejecutar con disciplina, gestionar tus emociones y construir sistemas escalables. Pero más que cualquier habilidad individual, has cultivado una mentalidad — una de autodominio, resiliencia y visión a largo plazo.

El trading no es una carrera corta. No es un boleto de lotería. Es una profesión. Es un oficio. Y como todos los grandes oficios, recompensa a quienes se comprometen con el proceso.

Has visto cómo estructurar entradas y salidas, automatizar la toma de decisiones, manejar falsas rupturas y escalar tus sistemas. Has explorado la psicología del rendimiento y las rutinas reales de traders que han convertido esto en una carrera sostenible. Y has mirado hacia el futuro — hacia las herramientas, tendencias y cambios globales que están redefiniendo lo que significa operar en la economía digital.

Entonces, ¿qué sigue ahora?

Es momento de aplicar lo que has aprendido. No todo de una vez — sino paso a paso. Construye tu sistema. Haz backtesting de tu estrategia. Lleva registro de tus operaciones. Desarrolla tu mentalidad. Y recuerda: cada operación es una lección. Cada entrada en tu diario es un paso hacia adelante. Cada pérdida es una matrícula pagada por una habilidad que se multiplicará durante años.

Permite que este libro sirva no solo como una guía, sino como un plano para tu futuro en las criptomonedas. Regresa a él a medida que tu capital crezca, tus estrategias evolucionen y tu confianza se expanda.

Los mercados siempre están en movimiento. Pero ahora, tú también lo estás — con propósito, preparación y poder.

Bienvenido al siguiente nivel.

www.ingramcontent.com/pod-product-compliance
Lightning Source LLC
LaVergne TN
LVHW040521210926
848480LV00007BA/1544

9798295885020